Martin Klein · Rüdiger Bertram · Katja Reider

Meine spannendsten Leseabenteuer
Silbe für Silbe lesen lernen

Mit Bildern von Betina Gotzen-Beek, Heribert Schulmeyer und Stephan Pricken

Mildenberger Verlag

Ravensburger Buchverlag

Bibliografische Information der Deutschen Nationalbibliothek:

Die Deutsche Nationalbibliothek verzeichnet diese Publikation
in der Deutschen Nationalbibliografie.
Detaillierte bibliografische Daten sind im Internet
über http://dnb.d-nb.de abrufbar.

1 2 3 C B A

Ravensburger Leserabe
Diese Ausgabe enthält die Bände
„Das Rätsel der Drachenhöhle" von Martin Klein
mit Illustrationen von Betina Gotzen-Beek,
„Der hundsgemeine Bücherklau" von Rüdiger Bertram
mit Illustrationen von Heribert Schulmeyer
sowie „Zwei Freunde auf heißer Spur"
mit Illustrationen von Stephan Pricken
© 2013, 2006, 2012 Ravensburger Buchverlag Otto Maier GmbH

© 2015 für die Ausgabe mit farbigem Silbentrenner
Mildenberger Verlag GmbH
Im Lehbühl 6
77652 Offenburg

und Ravensburger Buchverlag Otto Maier GmbH
Postfach 18 60, 88188 Ravensburg
Umschlagbild: Martina Theisen
Konzeption Leserätsel: Dr. Brigitta Redding-Korn
Design Leserätsel: Sabine Reddig

Printed in Germany
ISBN 978-3-619-14465-5
(für die Ausgabe im Mildenberger Verlag)
ISBN 978-3-474-36471-8
(für die Ausgabe im Ravensburger Buchverlag)

www.mildenberger-verlag.de
www.ravensburger.de
www.leserabe.de

Inhalt

 Das Rätsel der Drachenhöhle 5

 Der hundsgemeine Bücherklau 47

 Zwei Freunde auf heißer Spur 89

Martin Klein

Das Rätsel der Drachenhöhle

Mit Bildern
von Betina Gotzen-Beek

Inhalt

Das dunkle Tor — 8

Zwei geheime Pläne — 16

Geister und Drachen — 28

Überraschung! — 36

Das dunkle Tor

Paula und Ben wohnen
in der Siedlung am Waldrand.

Der Wald ist toll.
Die Luft riecht gut.
Es gibt Schatten und Kühle,
Blumen und Büsche,
Farne und Füchse.

Und der Wald ist voller Abenteuer!
Kletterbäume wachsen dort.
Paula und Ben sind beim Klettern
mutig und vorsichtig zugleich.

Am Boden liegen nützliche Stöcke
zum Bauen und Fechten.

Im Gebüsch finden
Paula und Ben
gute Verstecke.

Und hinter einem Hügel
gibt es eine richtige Höhle –
die Drachenhöhle.

Sie ist gar nicht weit
von zu Hause entfernt.

Der Eingang heißt: das dunkle Tor.
Er liegt zwischen
zwei moosigen Felsen.

Das Tor ist morsch.
Es steht halb offen.
Dahinter ist es stockfinster.
Das sieht unheimlich aus.

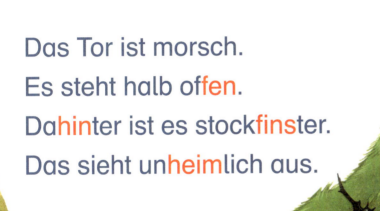

Wenn Paula und Ben
das dunkle Tor sehen,
bekommen sie eine Gänsehaut.

Manche Kinder glauben,
dass es in der Höhle spukt.
Der Geist eines Schatzsuchers
soll dort erscheinen.

Die meisten Kinder denken aber,
dass hinter dem dunklen Tor
ein Drache lebt.
Er soll schwarz und gelb sein
und so groß wie ein Pferd.

Paula und Ben glauben
weder an Geister noch an Drachen.
Aber ein Schatz könnte wirklich
dort versteckt sein!

Deshalb wollen die beiden
die Höhle erkunden.

Mama und Papa müssten sich
darum nicht sorgen.

Paula und Ben würden es
nämlich genauso machen
wie beim Klettern:
mutig und vorsichtig zugleich.

Zwei geheime Pläne

Die Eltern von Paula und Ben
glauben auch nicht
an Geister und Drachen.
Und erst recht nicht
an einen Schatz.

„Der Schatz könnte höchstens
ein Glas mit Gurken sein",
sagt Papa.

„Ungefähr hundert Jahre alt."
Er lacht.

Paula und Ben staunen.
Wo gibt's denn so etwas?
Hundert Jahre alte Gurken!

„Die Höhle ist ein Eiskeller",
erklärt Papa.
„Unsere Vorfahren haben ihn
wie einen Kühlschrank benutzt."

„So etwas war früher ganz normal",
sagt Mama.

Paula und Ben
werden immer neugieriger.
„Wir könnten alle zusammen
den alten Kühlschrank erkunden",
schlagen sie vor.

„Vielleicht später einmal",
sagt Mama.

„Nix da!"
Papa schüttelt den Kopf.
„Das dunkle Tor bleibt geschlossen!
Die Drachenhöhle
ist viel zu gefährlich für Kinder."

Später beraten Paula und Ben
in einem ihrer Verstecke.

„Wir können nicht ewig warten."
Paula ist ungeduldig.
„Sonst schnappt jemand anders
die wertvollen alten Gurken."

„Aber wir dürfen doch nicht
in die Höhle", sagt Ben.
Paula wiegt nachdenklich
den Kopf.

„Papa hat nichts
von streng verboten gesagt",
stellt sie fest.
„Und Mama hat es sogar
halb erlaubt."

„Das stimmt!"
Bens Augen leuchten
fast wie eine Taschenlampe.
„Auf zur Planung der EXDIPETION!"

Paula lacht.
„Das heißt EXPEDITION."

„Hauptsache Abenteuer",
sagt Ben stolz.
„Das ist ein echter Geheimplan!"

Zur selben Zeit sitzen die Eltern
am Küchentisch
und besprechen ebenfalls etwas.

Sie haben nicht dieselbe Meinung.
Mamas Wangen röten sich.
Auf Papas Stirn erscheinen Falten.
Aber dann glätten sie sich wieder.

„Na gut, Schatz", seufzt Papa.
„Du hast mich überzeugt.
Wir testen die Sache."

„Schön!", ruft Mama
und gibt ihrem Mann einen Kuss.
„Jetzt haben wir beide
einen echten Geheimplan!"

Dieser zweite Geheimplan
ähnelt dem ersten sehr.

Geister und Drachen

Ben und Paula brauchen
eine Ausrüstung.

Am wichtigsten sind
die zwei Taschenlampen.
Außerdem gehören dazu:

Bens Taschenmesser,
ein Kompass,
eine Tüte Gummibärchen,
zwei Kuscheltiere
und zwei Fahrradhelme.

Am nächsten Tag nach der Schule
laufen Ben und Paula los.

Es ist gut,
dass die Sonne scheint.
Hinter dem dunklen Tor
ist es finster genug.

Vorsichtig schlüpfen die Kinder
durch die morsche Tür.

Drinnen ist es kühl, feucht
und pechschwarz.

Die Strahlen der Taschenlampen
beleuchten nackte Felsen.

Dann streifen sie einen Steinkreis.
In der Mitte liegt verkohltes Holz.

Die Kinder betrachten es erschrocken.
„Vielleicht gibt es hier doch einen Feuer speienden Drachen?", murmelt Paula.

„Nein", sagt Ben.
„Hier haben die Gurken-Schatzsucher Feuer gemacht."

Als Nächstes hören Paula und Ben
Geräusche.
Sie sind leise und ganz nah.
„Tick, tack."
„Plick, plack."

„Vielleicht sind das Mäuse-Schritte?",
murmelt Ben.
„Geister-Schritte", flüstert Paula.
Bange leuchten die Kinder alles ab.

„Plitsch, platsch."
Wassertropfen fallen von der Decke
in einen kleinen Höhlenteich.
Ben und Paula atmen auf.

Überraschung!

Doch sogleich
erstarren sie erneut.
Schon wieder Geräusche!
Diesmal kommen sie von hinten.
Stimmen hallen durch
die Dunkelheit.

Die Drachenhöhle bekommt
noch mehr Besuch!
Schnell löschen die Kinder das Licht
und ducken sich hinter einen Felsen.

„Die Gurken-Schatzsucher",
flüstert Ben.
„Oder ihre Geister",
haucht Paula.

Die Herzen der Kinder
klopfen ganz laut.
Kann man sie etwa hören?!

Zwei Lichtkegel blitzen auf.
„Brr", sagt eine wohlbekannte Stimme.
„Ist das feucht und finster hier."

„Aber wirklich interessant",
erwidert eine zweite.
Auch sie klingt sehr vertraut.

„Mama! Papa!"
Ben und Paula sind erleichtert
und springen ihren Eltern in die Arme.

„Was macht ihr denn hier?!",
fragt Mama verdattert.
„Uff, habt ihr uns erschreckt!",
schnauft Papa.

Noch ehe die Eltern
schimpfen können,
sieht man einen Schatten
an der Felswand.

Er bewegt sich und sieht aus wie …
„… ein Drache!", jammert Paula.

Der Drache kommt näher.
Er ist schwarz und gelb
und so groß wie …
… ein Zeigefinger.

Alle staunen ihn an.
„Ist das nicht toll?",
murmelt Papa.
„Das ist ein Feuersalamander."

Papas Augen leuchten.
„Dieses schöne Tier
ist ganz selten", erklärt er.
„Es ist vom Aussterben bedroht."

Auch Mama, Ben und Paula
sind begeistert.

Nun haben sie tatsächlich
einen Schatz gefunden.
Und nebenbei das Rätsel
der Drachenhöhle gelöst!

Rüdiger Bertram

Der hundsgemeine Bücherklau

Ein Abenteuer mit dem Leseraben

Mit Bildern von Heribert Schulmeyer

Inhalt

Der Bücherraub — 50

Die Suche — 56

Der Plan — 62

Der Köder — 68

Der Schrottplatz — 76

Der Bücherraub

Der Leserabe hockt
unter der Bettdecke.
Er liest heimlich.
Mit seiner Taschenlampe.

Eigentlich sollte er längst schlafen.
Aber dazu hat er keine Lust.
Sein Buch ist viel zu gut.

Plötzlich flackert das Licht.
Die Batterien sind leer.

„Mist", schimpft der Rabe.
„Gerade jetzt, als es spannend wird!"

Er legt das Buch zur Seite
und kuschelt sich in die Decke.

„Gleich morgen früh lese ich weiter, noch vor dem Frühstück", seufzt er und schläft auf der Stelle ein.

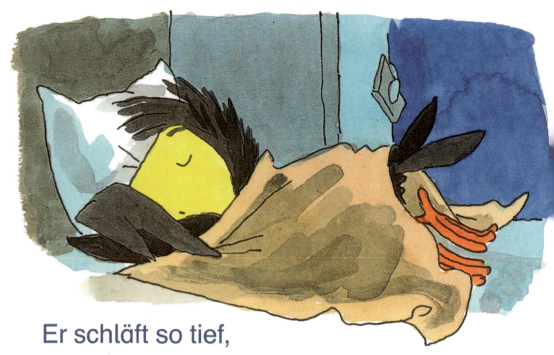

Er schläft so tief,
dass er das seltsame Surren
nicht hört.

Ein Surren,
wie von einer riesigen Mücke.

Es ist der dicke Räuber
in seinem Flieger.
Er fliegt genau auf den Balkon zu.

Leise schnappt er sich das Buch
und verschwindet wieder.
So unbemerkt, wie er gekommen ist.

Die Suche

Als der Leserabe aufwacht,
will er sofort weiterlesen.
Aber sein Buch ist weg.

„Verflixt", schimpft der Rabe.
„Wo kann es bloß sein?"

Der Rabe sucht den ganzen Balkon ab.
Keine Spur von seinem Buch.

„Habe ich es gestern
etwa selbst weggeräumt?",
fragt sich der Rabe.
Unsinn! Er hat ja noch nie aufgeräumt.

„Aber wie erfahre ich denn nun,
wie meine Geschichte ausgeht?",
ärgert er sich.

Der Leserabe geht ins Haus.
Er will Marie fragen.
Vielleicht weiß sie, wo sein Buch ist.

Marie sitzt in ihrem Zimmer.
Sie ist traurig.
„Mein Lieblings-Buch ist weg.
Gestern Abend war es noch da.
Jetzt ist es fort", erzählt sie.

„Dann ist alles klar!", sagt der Rabe.
„Meines ist auch weg.
Irgendwer hat unsere Bücher geklaut!"
Aber wer?

„Na warte, wenn ich den Kerl kriege!
Dem werde ich was husten!",
schimpft der Rabe.

Gemeinsam gehen sie in Kais Zimmer.
Ob Maries Bruder mehr weiß?

Der Plan

Kai liegt auf sei**nem** Bett und liest.
Das stimmt nicht ganz.
Er schaut sich nur die Bil**der** an.
Er kann näm**lich** noch nicht le**sen**.

Marie und der Rabe sind erleichtert.
Wenigstens Kais Buch ist noch da.

Er hat es in der Nacht versteckt.
Unter seinem Kopfkissen.
Er glaubt, dass man so lesen lernt.
Er ist eben noch klein.

„Da hat sich der Räuber
nicht rangetraut", sagt der Rabe.
„Welcher Räuber?", fragt Kai.

„Na, der unverschämte Kerl,
der unsere Bücher gestohlen hat",
antwortet Marie.

Der Rabe hat eine prima Idee.
Er will Kais Buch in der Nacht
als Köder auf den Balkon legen.

„Aber dann klaut es der Räuber doch",
bemerkt Kai ängstlich.

„Wer einen Räuber fangen will,
darf kein Angsthase sein",
sagt der Rabe.
„Genau", nickt Marie.

Der Köder

Kais Buch leuchtet im Mondschein.
Es liegt auf dem Geländer des Balkons.
Dort, wo es jeder sehen kann.

Die drei lassen es nicht aus den Augen,
obwohl sie furchtbar müde sind.
Um nicht einzuschlafen,
erzählen sie sich von ihren Büchern.

In Maries Buch geht es um wilde Tiere
und gefährliche Abenteuer.

Wovon sein Buch handelt,
weiß Kai nicht so genau.
Er kann ja nicht lesen.

„Mein Buch erzählt vom klügsten Tier, das es gibt …", beginnt der Leserabe. Weiter kommt er nicht.

Plötzlich hören sie ein Surren.
Ein Surren,
wie von einer riesigen Mücke.

Der dicke Räuber segelt heran.
Er greift sich das Buch
und fliegt davon.

„Ihm nach!", schreit der Rabe aufgeregt.
„Wie denn? Du bist doch der Einzige,
der von uns fliegen kann", ruft Marie.

Das hat der Rabe ganz vergessen.
Schnell flattert er hinterher.

„Hoffentlich kriegt er ihn.
Sonst ist mein Buch auch weg",
seufzt Kai.

„Keine Angst! Er schafft das schon",
antwortet Marie.
Aber ganz sicher ist sie sich nicht.

Der Schrottplatz

Der Räuber fliegt über die Stadt.
Dann landet er auf einem Schrottplatz.

Zwischen rostigen Maschinen
steht ein Regal.
Es ist voller Bücher.

Dahinter versteckt sich der Rabe.
Er sieht, wie der dicke Räuber
eine Seite aus Kais Buch reißt.

Aus dem Blatt faltet er einen Flieger
und wirft ihn in die Luft.
Er landet in einer Pfütze.

„Daraus wird niemand mehr vorlesen",
lacht der Räuber laut.

„So ein gemeiner Schuft!",
grummelt der Rabe in seinem Versteck.

Das hat der Räuber gehört.
„Wer ist da?", ruft er böse.
„Dich verputz ich zum Frühstück!"

„Du weißt ja nicht mal,
wie man Frühstück schreibt",
antwortet der Rabe frech.

Die Wörter treffen den Räuber
mitten ins Herz.
Schlimmer als das schärfste Schwert.
Er fängt an zu heulen
wie ein Schlosshund.

Als er sich endlich beruhigt,
erzählt er dem Raben alles.
Er ist neidisch auf die Menschen,
die lesen können.
Er kann es nämlich nicht.
Deswegen klaut er ihre Bücher.

Aber was nützen sie ihm,
wenn er nicht lesen kann?
Gar nichts!

Der Räuber tut dem Raben leid.
„Bringst du die Bücher zurück,
wenn ich dir daraus vorlese?",
fragt er.

„Das würdest du tun?",
ruft der Räuber
und macht vor Freude
einen Salto.

Der Rabe geht zum Regal
und sucht sein Buch heraus.
„Hör gut zu", sagt er zum Räuber.
Dann beginnt er zu lesen:

„Der Leserabe hockt
unter der Bettdecke.
Er liest heimlich.
Mit seiner Taschenlampe ..."

Katja Reider

Zwei Freunde auf heißer Spur

Mit Bildern
von Stephan Pricken

Inhalt

Der verschwundene Ohrring   92

Ein rätselhafter Geburtstag   102

Auf der Spur des Tortendiebs   109

Eine überraschende Lösung   118

Der verschwundene Ohrring

Das sind Pit und Paula.
Die beiden sind beste Freunde.
Und richtig gute Detektive!
Ihre Detektei heißt „Papagei"
und das aus zwei Gründen.

Der erste Grund ist:
Pit spricht Paula immer alles nach.

„Wie ein Papagei!", sagt Paula
und grinst.
„Wie ein Papagei?!", ruft Pit empört.
„Stimmt ja gar nicht!"
Aber dann muss er selbst lachen.

Der zweite Grund ist Paulas Kleidung.
Sie zieht sich gern kunterbunt an:
Gelbe Ringel, rote Streifen,
grüne Tupfen – wie ein Papagei.

Klar, dass Pit und Paula
ihre Detektei „Papagei" getauft haben!

Die beiden Detektive haben gelernt,
geheime Nachrichten auszutauschen.

Und sie können sich perfekt tarnen.
Mit der richtigen Verkleidung
erkennt sie keiner mehr.
Na ja, fast keiner …

Heute üben Paula und Pit
das Beschatten
mithilfe einer Kamera.

Paula tut so, als ob sie Pit fotografiert.
Dabei beobachtet sie andere Leute –
und macht Fotos von ihnen!
Der Zoom zeigt ihr jede Kleinigkeit.

Nanu, was ist denn da los?
Oje, die Mama des kleinen Benni
vermisst ihren wertvollen Perlen-Ohrring!

„Ein G-g-geschenk von meinem Mann",
schluchzt sie.
„Und nun ist der Ohrring weg!"

„Keine Sorge!", erklärt Paula.
„Die Detektei Papagei
übernimmt den Fall!
Als Erstes sichern wir den Tatort."
„Tatort?", fragt Pit.
Paula deutet auf den Sandkasten.

„Du denkst, der Täter hat den Ohrring hier verbuddelt?", fragt Pit.

Paula nickt und zeigt Pit die Fotos,
die sie geknipst hat.
Zuerst sieht man Benni mit seiner Mama.
Da trägt sie noch zwei Ohrringe!

Später ist Benni weg.
Und ein Ohrring fehlt.

„Damit steht der Täter fest",
erklärt Paula. „Es war Benni!
Er hat die Perle vom Ohr gemopst."
„Gemopst und verbuddelt", seufzt Pit.

Jetzt heißt es, Sand sieben.
Auch Benni hilft mit.
Endlich kommt die Perle zum Vorschein!

Bennis Mama strahlt. „Danke!
Möchten die Detektive ein Eis?"
Als Honorar? – Na klar!

Ein rätselhafter Geburtstag

Heute hat die Detektei „Papagei"
geschlossen.
Pit und Paula sind eingeladen.
Ihr Freund Lukas feiert Geburtstag!

„Beeil dich!", drängt Paula.
„Wir sind die letzten Gäste!"
„Die letzten Gäste?", fragt Pit.
„Woher weißt du das?"

Aber dann ist der Fall auch für ihn klar.

Lukas zeigt gerade seine Geschenke:
Bücher, einen Pulli, ein PC-Spiel
und einen Fußball.

„Und wo steht dein neues Fahrrad?",
erkundigt sich Pit.

Lukas macht große Augen:
„Woher weißt du
von dem Fahrrad?"

„Das war nun wirklich nicht schwer",
sagt Paula und grinst.
Sie deutet auf das Fahrradschloss,
die Luftpumpe und die Reifenspur
am Boden.

Lukas lacht.
„Warum vergesse ich nur immer,
dass ich mit Detektiven befreundet bin?
Aber jetzt kommt!
Draußen wartet
eine super Schokotorte!"

Alle stürmen in den Garten.
Aber – oje! – was ist denn das?
Von der Torte fehlt ja schon ein Stück!

„Da war aber jemand hungrig!",
sagt Lukas verblüfft.

Aber wer?
Die Gäste waren doch alle im Haus,
um die Geschenke zu bestaunen.

„Ich möchte wirklich wissen,
was hier passiert ist", sagt Lukas.

Auf der Spur des Tortendiebs

Pit und Paula wechseln einen Blick.
Ein neuer Fall für die Detektei „Papagei"!
Ganz klar!
Paula nimmt sofort die Ermittlungen auf:
„Seit wann steht denn die Torte hier?"

Lukas überlegt, dann sagt er:
„Mama hat die Torte erst rausgestellt,
als ihr zwei gekommen seid."

„Könnte sich deine
kleine Schwester
ein Stück genommen haben?",
fragt Pit.

Lukas schüttelt den Kopf.
„Anni mag nichts Süßes.
Sie isst viel lieber Wurstbrot!
Und meine Eltern klauen bestimmt nicht
das erste Stück Geburtstagtorte!"

„Also kam der Dieb von draußen", folgert Paula.
„Von draußen, eindeutig", nickt Pit.

„Vielleicht war es ja eine Katze?", überlegt Lukas.

„Dann würde die Torte anders aussehen."
Pit grinst.
„Katzen benutzen keine Tortenheber."

„Und keine Pappteller!"
Paula zeigt auf den fehlenden Teller.

Paula runzelt die Stirn. „Wer hat denn Zugang zum Garten?"

„Nur wir und unsere Nachbarn", sagt Lukas. „Aber die Meiers kommen nie zu uns herüber."

Pit untersucht die kleine Hecke,
die den Garten teilt.
„Hier ist aber jemand durchgegangen.
Die Zweige sind abgeknickt!"

Paula hat ihre Lupe gezückt.
„Auf dem Beet und Weg
sind frische Fußstapfen!
Seht ihr?
Ich tippe auf Männerschuhe.
Die Spur führt hin und wieder zurück!"

Pit verschränkt die Arme.
„Ich würde sagen:
Damit ist der Fall geklärt!
Euer Nachbar ist der Tortendieb!"

Eine überraschende Lösung

„Das will ich jetzt genau wissen!",
ruft Lukas und springt über die Hecke.
Oje, will er den diebischen Nachbarn
etwa zur Rede stellen?
Die anderen folgen ihrem Freund zögernd.

Die Meiers sitzen auf der Terrasse
und trinken Tee.
Von Schokotorte keine Spur!

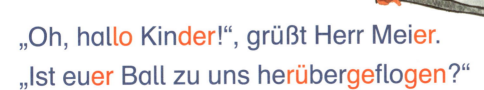

„Oh, hallo Kinder!", grüßt Herr Meier.
„Ist euer Ball zu uns herübergeflogen?"

„Nein …!" Lukas holt tief Luft.
„Wir wollten fragen, ob … äh …"
Dann weiß er nicht weiter.

„… ob Sie uns vielleicht
einen Becher Sahne leihen können",
springt Pit ein.

„Sahne?!" Frau Meier schnaubt.
„So was Ungesundes haben wir nicht!
Wir essen weder Fett noch Zucker.
Und wir vermissen es auch nicht.
Stimmt's, Otto?"

Herr Meier nickt.
Aber sehr glücklich sieht er nicht aus.
„Sie essen also nie Kuchen?",
fragt Lukas ungläubig.
„Oder Schokotorte …?", bohrt Paula.

Jetzt wird Herr Meier tatsächlich rot.
Hastig tupft er seinen Mund ab.
Klebte da etwa noch Schokocreme?

Egal, Pit hat den entscheidenden Beweis
sowieso entdeckt.

Pit zieht den zerknüllten Pappteller unter Herrn Meiers Stuhl hervor.

Herr Meier sinkt in sich zusammen.
„Es tut mir so leid!", flüstert er.
„Ich konnte einfach nicht widerstehen!"

Die Kinder sehen sich ratlos an.
Endlich sagt Lukas:
„Ist schon in Ordnung, Herr Meier!
Von der nächsten Torte
schleuse ich Ihnen ein Stück rüber, ja?"
Der alte Herr nickt selig.

„Damit hat die Detektei ‚Papagei'
schon wieder einen Fall gelöst",
stellt Lukas fest.
„Wie wär's jetzt mit Schokotorte für uns?"
Au ja!

Leserabe Leserätsel

Rätsel 1 **Der hundsgemeine Bücherklau**

Welches Wort stimmt? Kreuze an!

Marie ist
- ○ tüchtig
- ○ tapfer
- ○ traurig

Kais Buch dient als
- ○ Kissen
- ○ Köder
- ○ Kalender

Der Räuber klaut die Bücher aus
- ○ Neid
- ○ Not
- ○ Neugier

Rätsel 2 **Zwei Freunde auf heißer Spur**

Findest du die richtige Seite? Trage die Zahl ein!

Auf Seite ____ steht ein Mal **Sandkasten**.

Auf Seite ____ steht ein Mal **Luftpumpe**.

Auf Seite ____ steht ein Mal **Wurstbrot**.

Das Rätsel der Drachenhöhle

Rätsel 3

Fülle die Kästchen aus!
Schreibe Großbuchstaben:
Fuchs ➜ FUCHS

Lösungen:
Rätsel 1: traurig, Köder, Neid
Rätsel 2: 98, 105, 111
Rätsel 3: Ausrüstung, Geist, Schatz, Fuchs, Gurken

Rätsel 4

Rätsel für die Rabenpost

Fülle die Lücken aus. Trage die Buchstaben in die richtigen Kästchen ein. So findest du das Lösungswort für die Rabenpost heraus!

Pit und Paula sind beste ☐ ☐₂ U ☐ D ☐₅.
(Seite 92)

Die Meiers essen keinen ☐ ☐ C K ☐₆.
(Seite 121)

Die Detektei von Pit und Paula heißt
P A ☐₁ ☐ ☐₄ I ☐.
(Seite 92)

Der kleine Benni verbuddelt einen
☐ ☐ R R ☐₃ ☐. (Seite 100)

Lösungswort:

☐₁ B ☐₂ ☐₃ T ☐₄ U ☐₅ ☐₆

Rabenpost

Herzlichen Glückwunsch!

Du hast das ganze Buch geschafft und die Rätsel gelöst, super!!!

Jetzt ist es Zeit für die Rabenpost.
Wenn du das Lösungswort herausgefunden hast, kannst du tolle Preise gewinnen!

Gib es auf der  Website ein

▶ www.leserabe.de,

mail es uns ▶ leserabe@ravensburger.de

oder schick es mit der Post.

Lösungswort:

An
den LESERABEN
RABENPOST
Postfach 2007
88190 Ravensburg
Deutschland

Leichter lesen lernen mit der Silbenmethode

Durch die farbige Kennzeichnung der einzelnen Silben lernen die Kinder leichter lesen. Das gelingt folgendermaßen:
1. Die einzelnen Wörter werden in Buchstabengruppen aufgeteilt. Diese kleinen Gruppen sind leichter zu erfassen als das ganze Wort.
2. Die Buchstabengruppen sind ganz besondere Einheiten: Sie zeigen die Sprech-Silben an. Die Sprech-Silben sind der Schlüssel, um ein Wort richtig lesen und verstehen zu können.

Zum Beispiel können bei dem Wort „Giraffe" auch die ersten drei Buchstaben „Gir" als Gruppe gelesen werden: Gir - af - fe. Das könnte dann der Name einer besonderen Affenart sein.
Mit den farbigen Silben dagegen werden sofort die richtigen Buchstabengruppen erkannt: Giraffe. Beim Lesen ergibt sich automatisch der richtige Sinn. Es ist das Tier mit dem langen Hals gemeint.

Warum ist das so?
Beim Lesen in **Sprech-Silben** klingen die Wörter so, wie wir sie **sprechen** und **hören**. So kann der Sinn der Texte leichter entschlüsselt werden – lesen macht Spaß!
Sobald das Lesen flüssig gelingt, können auch alle Texte ohne farbige Silben sicher erfasst werden. Durch das Training erkennen die Kinder die Sprech-Silben automatisch.
Dadurch lesen alle Leseanfänger leichter und besser – und auch die nicht so starken Leser können schneller Erfolge erzielen.

Die farbigen Silben helfen nicht nur beim Lesen, sondern auch bei der **Rechtschreibung**. Sie machen die Struktur der deutschen Sprache sichtbar. Der Leseanfänger nimmt von Anfang an die Silbengliederung der Wörter wahr – und kann so die richtige Schreibweise ableiten.

Markieren die farbigen Silben die Worttrennung?
Die farbigen Silben zeigen die Sprech-Silben eines Wortes an. In den allermeisten Fällen ist das identisch mit der möglichen Worttrennung am Zeilenende. In erster Linie bei der Trennung einzelner Vokale (a, e, i, o, u; z.B. E-va, O-fen, Ra-di-o) gibt es einen Unterschied: Nach der aktuellen Rechtschreibung werden diese am Zeilenende nicht abgetrennt. Da diese Wörter aber mehrere Sprech-Silben haben, sind diese auch mit zwei Farben gekennzeichnet: Eva, Ofen, Radio, beobachten.

Weitere Informationen zur Silbenmethode auf: www.silbenmethode.de

Ravensburger Bücher

Leichter lesen lernen mit der Silbenmethode

ISBN 978-3-473-**38542**-3*
ISBN 978-3-619-**14353**-5**

ISBN 978-3-473-**38545**-4*
ISBN 978-3-619-**14352**-8**

ISBN 978-3-473-**38546**-1*
ISBN 978-3-619-**14450**-1**

ISBN 978-3-473-**38548**-5*
ISBN 978-3-619-**14451**-8**

ISBN 978-3-473-**38550**-8*
ISBN 978-3-619-**14452**-5**

ISBN 978-3-473-**38543**-0*
ISBN 978-3-619-**14354**-2**

ISBN 978-3-473-**38544**-7*
ISBN 978-3-619-**14355**-9**

ISBN 978-3-473-**38547**-8*
ISBN 978-3-619-**14456**-3**

ISBN 978-3-473-**38549**-2*
ISBN 978-3-619-**14457**-0**

ISBN 978-3-473-**38551**-5*
ISBN 978-3-619-**14458**-7**

* **Broschierte Ausgabe** bei Ravensburger
** **Gebundene Ausgabe** bei Mildenberger

Mildenberger Verlag

www.ravensburger.de / www.mildenberger-verlag.de

Ravensburger Bücher

Leichter lesen lernen mit der Silbenmethode

ISBN 978-3-473-38532-4*
ISBN 978-3-619-14340-5**

ISBN 978-3-473-38533-1*
ISBN 978-3-619-14346-7**

ISBN 978-3-473-38534-8*
ISBN 978-3-619-14341-2**

ISBN 978-3-473-38539-3*
ISBN 978-3-619-14348-1**

ISBN 978-3-473-38538-6*
ISBN 978-3-619-14342-9**

ISBN 978-3-473-38535-5*
ISBN 978-3-619-14343-6**

ISBN 978-3-473-38536-2*
ISBN 978-3-619-14344-3**

ISBN 978-3-473-38540-9*
ISBN 978-3-619-14347-4**

ISBN 978-3-473-38541-6*
ISBN 978-3-619-14349-8**

ISBN 978-3-473-38537-9*
ISBN 978-3-619-14345-0**

* **Broschierte Ausgabe** bei Ravensburger
** **Gebundene Ausgabe** bei Mildenberger

Mildenberger Verlag

www.ravensburger.de / www.mildenberger-verlag.de